Inhalt

Grüne Logistik - die Branche muss nachziehen

Kernthesen

Beitrag

Fallbeispiele

Weiterführende Literatur

Impressum

Grüne Logistik - die Branche muss nachziehen

Stefanie Kneer

Kernthesen

- Die Kunden erwarten von Logistikern Nachhaltigkeit.
- Die Branche hält sich aber noch zurück.
- Nur die großen Unternehmen positionieren sich als Vorreiter.

Beitrag

In der Logistik bedeutet "grün" weniger Energieverbrauch, weniger Schadstoffausstoß, weniger Lärm. Hinzu kommt mehr Sicherheit, etwa beim Transport gefährlicher Güter. Schon heute bieten

Bahnen eine zunehmend CO2-freie Beförderung an. (1)

Das Beratungsunternehmen Systain Consulting hat berechnet, dass der "Klimarucksack" eines weißen Damen-Long-Shirts aus Baumwolle 10,75 Kilogramm CO2 und andere Treibhausgase enthält. Berücksichtigt sind dabei alle Emissionen, die im Zusammenhang mit dem Produkt entstehen - angefangen von den Rohstoffen, über die Herstellung, den Transport, die Distribution, den Gebrauch und die Entsorgung. Diese 10,75 Kilogramm Kohlendioxid entsprechen in etwa der Menge an Emissionen, die eine 40-Kilometer-Fahrt mit dem Auto verursacht. Überraschend dabei ist vor allem, dass die meisten Emissionen nicht beim 35 000 Kilometer langen Weg vom Baumwollfeld in den USA, über die Produktionsstätten in Bangladesch, bis zum Warenverteilzentrum in Deutschland entstehen. Insgesamt machen diese Transportemissionen lediglich 290 Gramm CO2 aus; zwei Drittel davon entfallen auf den Transport der Baumwolle von Nordamerika nach Asien. Wird das fertige Textilteil allerdings nicht per Schiff, sondern mit dem Flugzeug von Asien nach Europa geliefert, steigen die Transportemissionen auf 4 kg CO2. Bei der Distribution in Deutschland werden weitere Emissionen verursacht, und zwar in beträchtlicher Menge: Die Lagerlogistik ist für rund ein Viertel der

Distributionsemissionen verantwortlich. (2)

Ökologie und Ökonomie Hand in Hand

Die Logistikbranche muss also grüner werden. Das will auch die Politik. Bundesverkehrsminister Peter Ramsauer (CSU) betonte bei seinem Auftritt auf der Messe "transport+logistic", dass grüne Logistik für die Bundesregierung bedeute, Schnittstellen zu verbessern, das Gesamtnetz effizienter zu gestalten und intermodale Verkehre zu ermöglichen. Diesem Aufruf folgte allerdings die Beruhigung sofort auf den Fuß: Natürlich müssten Ökologie und Wirtschaftlichkeit nach wie vor Hand in Hand gehen, sagte der Politiker. In diesem Zusammenhang hob Ramsauer auch hervor, dass er die Einführung der Euro-6-Fahrzeuge nicht unterstütze. (3)

Kunden erwarten Nachhaltigkeit

Dennoch: Die Logistikbranche ist beim Thema Nachhaltigkeit gefordert. Druck üben neben dem Gesetzgeber auch Unternehmensführungen und Kunden aus. Das ergab die Untersuchung "Excellence in Supply Chain Sustainability" - herausgegeben vom Supply Chain Management Institute der EBS

Business School und den Beratern von Logica in Frankfurt/Main. Geschäftskunden geben beispielsweise den Druck, den sie durch die Endverbraucher spüren, an die Logistikprovider weiter. Wie nachhaltig sich Unternehmen aufstellen, hebt sie außerdem von anderen Firmen in der Branche ab. Auch das soziale und umweltrelevante Engagement kann daher einen entscheidenden Wettbewerbsvorteil in Ausschreibungsverfahren ausmachen. Eine Studie der DHL hat ergeben, dass Unternehmen mit überzeugender Nachhaltigkeitsleistung an den Aktienmärkten eine um bis zu acht Prozent bessere Performance als die konventionelle Konkurrenz verzeichnen. (4), (5)

Wenige Vorreiter

Große Logistiker wissen um diesen Vorteil und heben sich bereits von der Masse ab, wie beispielsweise die Vorreiter Deutsche Post/DHL (Nummer 1 beim Umsatz), DB Schenker (2), UPS (6), Hellmann (10), HHLA (17) und TNT (20). Als Macher werden Dachser (4) zusammen mit trans-o-flex (22), Hamburg Süd (36) und Havi (51) eingestuft. Als Strategen gelten Großunternehmer, die sich konzeptionell mit dem Thema Nachhaltigkeit beschäftigen, aber keine herausragenden Maßnahmen umsetzen.

Insgesamt gesehen, mangelt es der Branche aber an

wirklich beispielhaften Projekten. Die Logistiker sind vorsichtig, auch wenn immer mehr Spediteure umweltfreundliche Dienstleistungen anbieten, die oft auch auf konkreten Berechnungen von CO_2-Emissionen beruhen. Eine Untersuchung hat ergeben, dass sich die Hälfte der größten 150 Logistikdienstleister in Deutschland wenig oder gar nicht mit dem Thema Nachhaltigkeit beschäftigt. Gerade einmal 20 Prozent der angesprochenen Unternehmen berichtete, welche Maßnahmen sie bereits umsetzen. Der klassische Mittelstand gilt momentan eher als "Beobachter"; es gibt aber auch viele Mittelständler die überhaupt noch kein Interesse an dem Thema zeigen. (6), (7), (8)

Hohe Investionen bremsen grüne Logistik

Die vorsichtige Haltung mag darauf zurückzuführen sein, dass Logistiker mehr in Nachhaltigkeit investieren müssen als andere Unternehmen, da sie beispielsweise neue Lkw und energieeffiziente Lager beschaffen müssen. Doch die Firmen werden auf Dauer gerade aus wirtschaftlichen Gründen umschwenken müssen. Wenn die Treibstoff- und Energiepreise weiter steigen, wird es auch für Logistiker immer wichtiger, umweltfreundliche Alternativen in Erwägung zu ziehen. Zudem ist es für

Logistik-Unternehmen ein Muss, ihre Prozesse und Strukturen zu vereinfachen, um Nachhaltigkeit zu gewährleisten. (1), (4), (9), (10)

Trends

Handel und Transport sind die Stützpfeiler einer globalisierten Welt. Daran wird auch der Nachhaltigkeitsgedanke nichts ändern. Waren werden aber in Zukunft sicher energieeffizienter und damit umweltschonender um den Globus transportiert werden müssen. Die ersten Schritte auf diesem Wege sind bereits getan, doch das Potenzial für eine "grüne Logistik" ist noch groß. Dabei sind nicht nur Energieeinsparungen und soziales Handeln gefordert, es entwickeln sich auch neue Handlungsfelder. Die Branche sieht beispielsweise die Energiewirtschaft als große Chance an. (9), (11)

Fallbeispiele

Marktführer **DHL**, der seit 2006 Express-Sendungen CO_2-neutral verschickt, wird noch grüner. Mit DHL Freight bietet das Unternehmen seinen Kunden ein so genanntes CO_2-Protokoll an, einen Bericht über die Kohlendioxid-Emission pro Strecke und Sendung in Europa, im Mittleren Osten und in Nordafrika.

Damit reagiert DHL auf das wachsende Umweltbewusstsein der Kunden. Der Konzern setzt sich außerdem für zertifizierte Klimaschutzprojekte ein, um den Ausstoß von Kohlendioxid, der während Lieferungen verursacht wird, auszugleichen. Eine Studie im Auftrag der DHL hat ergeben, dass die Hälfte aller Verbraucher in den westlichen Ländern für umweltverträgliche Dienstleistungen höhere Preise zahlen würde. In China, Indien, Malaysia und Singapur geben 84 Prozent der Kunden an, für Nachhaltigkeit bezahlen zu wollen. DHL konnte mit "Go Green" in den vergangenen Jahren bereits rund 50 000 Tonnen Kohlendioxid ausgleichen, beispielsweise über ein Biomasse-Kraftwerk in Indien, einen Windpark in China, Wasserkraftwerke in Brasilien oder über die Gasgewinnung aus Deponien in der Türkei. DHL wird auch seine Flotte modernisieren und bis Anfang 2013 13 neue Frachtflugzeuge am Flughafen in Leipzig-Halle einführen, die ältere Maschinen ersetzen. (5)

Bis zum Jahr 2050 strebt Logistikdienstleister **DB Schenker** das Ziel der CO2-freien Schiene an. Eco-Solutions wird in Deutschland bereits heute für jeden Transportauftrag angeboten. Die DB hat sich auch an einem Windenergie-Kraftwerk in Brandenburg beteiligt, das bei Stromüberschuss Wasserstoff erzeugt und speichert. Dieser kann in Spitzenzeiten zu Strom umgewandelt werden. Nebenbei fließt die entstehende Wärme in ein städtisches Fernwärmenetz. Jährlich sollen auf diese Weise 16 Gigawattstunden Ökostrom erzeugt werden. (1), (10)

Auch im Lager kann nachhaltig gearbeitet werden. Das zeigt ein neues System der Firma **Dematic**. Anstelle eines Regalbediengeräts übernimmt bei diesem System ein Multi-Shuttle, das sich auf Laufbahnen bewegt, die Ein- und Auslagerprozesse. Mithilfe des Multi-Shuttles werden zum Transport von 31,5 Kilogramm Nutzmasse etwa 75 Kilogramm Eigenmasse bewegt. Im Vergleich dazu: Der RGB von Dematic AKL100 hat eine Nutzmasse von 60 Kilogramm bei einer Gerätemasse von 1 800 Kilogramm. Je Schicht und Gerät kann der Multi-Shuttle etwa 20 Kilowattstunden einsparen. (12)

Die BLG Logistics hat für Windkraftanlagen eine effiziente Lieferkette entwickelt, die von der Beschaffung der Teile, über die Produktion, bis hin zur Installation der fertigen Anlage auf See reicht. Am zentralen Umschlagplatz, dem Containerterminal in Bremerhaven, werden Fundamente, Rotorblätter und Turbinen gelagert und konfektioniert. (11)

Weiterführende Literatur

(1) Die grüne Welle und Lösungen für einen einfacheren Gütertransport

aus Neue Zürcher Zeitung 19.05.2011, Nr. 116, S. 60

(2) Baumwoll-Shirt verursacht 10,75 Kilo CO2
aus LVZ/Leipziger-Volkszeitung, 20.05.2011, S. 4

(3) Farbenfrohes Branchentreffen
aus Verkehrs Rundschau, Heft 20/2011, S. 24

(4) Verlader leiten Druck an Logistik weiter
aus DVZ, Nr. 61 vom 21.05.2011

(5) Marktführer bringt mehr als eine Milliarde Sendungen ohne Emissionen zum Empfänger
aus LVZ/Leipziger-Volkszeitung, 20.05.2011, S. 4

(6) Wir zeigen, was schon umgesetzt wird
aus Verkehrs Rundschau, Heft 19/2011, S. 27

(7) Die zweite Reihe pennt noch
aus DVZ, Nr. 59 vom 17.05.2011

(8) Verlader gefordert
aus Verkehrs Rundschau, Heft 20/2011, S. 3

(9) "Zahlen zeugen von hohen Investitionen"
aus LVZ/Leipziger-Volkszeitung, 20.05.2011, S. 2

(10) Umweltmaßnahmen senken Kosten
aus DVZ, Nr. 58 vom 14.05.2011

(11) Logistik fährt auf neue Kunden ab
aus Süddeutsche Zeitung, 06.05.2011, Ausgabe München, Bayern, Deutschland, S. 26

(12) Eine Menge Maßnahmen auf Lager

aus DVZ, Nr. BGRL vom 24.05.2011

Impressum

Grüne Logistik - die Branche muss nachziehen

Bibliografische Information der deutschen Nationalbibliothek

Die Deutsche Nationalbibliothek verzeichnet diese Publikation in der deutschen Nationalbibliografie; detaillierte bibliografische Daten sind im Internet über http://dnb.d-nb.de abrufbar.

ISBN: 978-3-7379-1120-7

© 2015 GBI-Genios Deutsche Wirtschaftsdatenbank GmbH, Freischützstraße 96, 81927 München, www.genios.de

Alle Rechte vorbehalten. Dieses Werk ist einschließlich aller seiner Teile – z.B. Texte, Tabellen und Grafiken - urheberrechtlich geschützt. Jede Verwertung außerhalb der Grenzen des Urheberrechtsgesetzes bedarf der vorherigen Zustimmung des Verlags. Dies gilt insbesondere auch für auszugsweise Nachdrucke, fotomechanische Vervielfältigungen (Fotokopie/Mikroskopie), Übersetzungen, Auswertungen durch Datenbanken oder ähnliche Einrichtungen und die Einspeicherung und Verarbeitung in elektronischen Systemen.